독도우체통

김종 목필시집

천지의 본래 얼굴, 왕관. 60*45. 혼합재료

시와사람

김 종 시인

○ 전남 나주 출생
○ 1976년 중앙일보 신춘문예 시 당선
○ 경희대학교 대학원 국어국문학과 (문학박사)
○ 조선대학교 인문대학 국어국문학과 교수
○ 일본 동지사대학 외국인교수 (객원 연구원)
○ 시집 『장미원』, 『배종손 생각』, 『그대에게 가는 연습』, 『간절한 대륙』, 『독도 우체통』 등 12권
○ 저서 『전환기의 한국현대문학사』, 『한밤의 소년』(역서), 『안성현 백서』(편저) 등 10권
○ 국제펜한국본부간행위원장, 《펜문학》편집주간 및 편집인
○ 민족시가대상, 광주시민대상, 한국펜문학상, 제1회 한국가사문학 대상 등
○ 신동아 미술제 대상, 광주·서울·부산·대구 등 작품전 14회
○ 대한민국 동양서예대전 초대작가, 한국추사서예대전 초청작가
○ 제26회 추사 김정희 선생 추모 전국휘호대회 심사위원
○ 『광주·전남 미술총서 Ⅱ』 책임집필 및 편찬위원장
○ 광주문인협회장, 「문학의 해」 광주광역시 조직위원장
○ 「KBC광주방송」 시청자위원 및 이사, 광주문화재단 초대이사, 언론중재위원 등.

ⓒ 김 종, 2020
이 책의 저작권은 저자에게 있습니다.
저작권에 의해 보호를 받는 저작물이므로
저자의 허락 없이 무단 전재와 복제를 금합니다.

독도해돋이

김종 육필시집
독도우체통

2020년 8월 25일 인쇄
2020년 9월 1일 발행

지은이 | 김　종
펴낸이 | 강 경 호
발행처 | 도서출판 시와사람
주　소 | 광주시 동구 양림로119번길 21-1(학동)
전　화 | (062)224-5319
E-mail | jcapoet@hanmail.net

ISBN 978-89-5665-572-7　03810

값 20,000원

· 지은이와의 협의로 인지를 붙이지 않습니다.
· 이 책은 광주문화재단 예술육성지원사업의 지원으로 제작되었습니다.

공급처 ■ 한국출판협동조합
경기도 파주시 탄현면 오금리 202번지
주문전화 (02)716-5616, 070-7119-1740

이 도서의 국립중앙도서관 출판예정도서목록(CIP)은 서지정보유통지원시스템
홈페이지(http://seoji.nl.go.kr)와 국가자료종합목록 구축시스템
(http://kolis-net.nl.go.kr)에서 이용하실 수 있습니다.
(CIP제어번호 : CIP2020035693)

自序

고향의 겨울

어린시절 약골이던 나는 자주 귀를 앓았다
신열이 달아오르면 땀으로 멱을 감았고
열에 들뜬 세상은 구시월 단풍처럼 붉었다

무당은 홍철릭과 치맛자락을 휘날리며 신춤을 췄고
옥양목 치마저고리의 어머내는 연신 손을 비볐다
마당가 대나무가 높은 허리를 부르르 떨었다
그 원색의 향연에 하늘도 나도 빙빙 돌았다

나에게 그림이 언제부터냐고 묻는 사람이 많다
그림과 시가 칠월칠석에 만난 견우직녀이긴 해도
콕 집어 '여기부터'라고 말하기는 어렵다
중.고등 때나 청년시절에도 그림이 어슬렁거렸고
어느 날부터 펜 대신 붓을 잡았다
붓이 시의 춤사위를 끌고 다녔다

꼴찌기 골짜기 가로지른 내 시의 폭풍에는
그림의 몸내음이 가득했다
시와 그림을 둘로 나눌 일은 정녕 아니고
기어코 영과 육이 정분을 내고 말았으니.

自序
1부 하루를 넘기는 것들

13　1°C에 목이 메이다
14　주석
16　무릎
18　겨울산
20　봄날 2
22　연꽃 주먹을 펴다
24　안마를 받으며
26　집게
28　정동역에서
30　개미 하느님
32　하루를 넘기는 것들
34　귀신이 되다
36　당산나무 할랑께서는
38　CCTV에 말 걸다
40　노동의 얼굴
42　그대에게 가는 연습
44　강의 습작— 남북동행
46　나는 가을이다

강마을 사람들. 78.6*15.6. 혼합재료

2부 금긋기

49 　금긋기
50 　주머니에게
51 　바다
52 　8월
53 　서호에서
54 　말귀정
55 　하늘의 훈육
56 　타북
57 　입추
58 　저 씨앗
59 　가출
60 　달
61 　길을 엎다
62 　새벽 무각사
63 　노래
64 　묘비명
65 　주름 높게 흐르면
66 　홍어

3부 웅녀의 말

69 양림동에 살면서
70 웅녀의 말
72 독도 우체통
74 무등산
75 드들강
76 광주 가는 길
78 증심사에서
80 장미원
82 내 것이 아니다
84 하동에 가서
86 그대 발길에 바침
88 오이냄새와 애냉기
90 겨울 운주사
91 더 먼 곳의 그리움
92 영산강 3
94 노을에 뜬다
96 편지 2
98 무의도 생각

4부 은근한 불경등

101 　모과, 성불하다
102 　절요
104 　네가 한송이 꽃일때도 나에게는 왜 네 눈물만 보이는지
106 　은근한 불경등
110 　망각보살님 덕분에
112 　호응
113 　흠, 흠, 如如하지
114 　파아란 속앓이
115 　차례
116 　그리스를 굽다
118 　페선 안쪽
120 　어깨나이 육십의 고백
122 　버들출래
123 　물총새의 부리
124 　구름의 짐작
126 　등줄의 심(力)
128 　우듬지의 춤
130 　1980년대

133 　나의 시창작을 위한 시론
　　　구면과 싸우며 초면찾아 가라

1부
하루를 넘기는 것들

월인천강을 거닐다. 500*150. 혼합재료

상팔담에 꽃잎 띄우고. 110*154. 혼합재료

1°C에 목이 메이다

갇힌 거미

바람 끝이 차다는 말이 귀에 감긴다
장롱구석에 위리안치시킨 내복을 사면한다
저도 답답했던지 팔다리를 흔들며 한참을 수선떤다
젊은 시절엔 잔소리처럼 답답하다던 내복에게
다리도 허락하고 팔도 내어 준다
내복은 뱃주레부터 어머니의 약속처럼 물질러온다
살가운 것이 우리집 애완견 뭉치의 혀끝 같다
고요가 싫어지면서 얻어온 뭉치는
현관문을 열면
온몸이 귀가 되고 입술이 되어
고향 땅 앞산처럼 한달음에 달려온다
아무도 반기지 않는 발걸음은 문득 목이 메인다
대 젊은 살림살이 갈피갈피에
첩첩이 숨어있던 고요의 한기를 몰아내 준 뭉치처럼
들러붙은 뼛속의 한기를 내복이 몰아내려나
뭉치와 내복이 한 통속하고
안팎으로 몸과 마음의 온도를 1°C씩 올려주면
저리 출렁이는 강물들의 웃음 위를
노을빛만큼이나 따뜻하게 건널 수 있으리라.

구석

천지사방 외치던 미세한 것들이
외로운 구석자리에 모여
서로서로 덩어리 짓는 것 보네

외로움이 출렁이는 공원벤치
훨훨훨 유랑의 날개를 접고
노숙자끼리
아무도 신경 안 쓰는 구석자리에 모여
서로를 다독이는 것 보네

광장과 동떨어진 구석자리에
서로를 껴안은 먼지들이
절벽을 타고 오르는 담쟁이처럼
한 몸 된 힘으로 뜨거울 때
지난날이여 나는
허공을 부유하는 티끌이었을 뿐
그 누구와도 덩어리 짓지 못했네

꽃피는 춘삼월을 기다리는 우리들
덩어리 된 뜨거움만 보일 뿐

먼지도 몸을 쉬는 구석자리가
가슴 맞댄 서로서로의 세상인데

아지랑이 아물거리는 눈동자 따라
먼지들의 환호성이 가득한 구석
나는 지금 보고 있네.

다가가는 손

무릎

무릎이 붓고 징얼거린다
비자나무처럼 단단한 중심이 무너졌다
아픈 무릎을 어루만질 때마다
어린 날 먼 길 떠난 누나생각이 난다

첫딸은 낳자 살림밑천이라던 부모님은
살림들을 꾸역꾸역 딸에게 맡기셨다
부모님이 논배미에 김매러 가면
동생보기에 집안일은 누나차지였다

부모님은 누나더러 우리를 단속했고
우리는 누나를 통해 부모님께 당도했다

언제나 비자나무 같던 누나는
우리집의 변함없는 무릎일 뿐이었다
누나가 시름거리던 어느 날
눈물의 활액막이 보름달처럼 부어올랐다
그제서야 누나는 큰애도 어른도 아닌
열 다섯 살 소녀로 돌아왔다

누나가 뒷산 뻐꾸기에게 시집가던 날
우리집은 아름채로 비자나무가 꺾였다는 걸
다시는 걷지 못할 무릎이란 걸
무심히 불어오는 바람에게 들었다.

가장 큰 평화

겨울산

겨울산은 보디빌더다
냉철한 근육질로 남기 위해
이두박근 삼두박근이 용트림 한다
갈빛에 억새가 아름다운 이유는?
벼린 새끼손톱이 날카롭기 때문이다

생의 통각을 깨우는
벼랑의 꽃들
저 단단한 가슴살에, 엉덩살에
늦바람난 눈보라가 날아오른다

답답할 때는 겨울산을 보라
빛나는 저 침묵을 보라
수면 위의 청둥오리처럼
수많은 발갈질로 쉬고 있는 중이다

나이를 먹는다는 것은
비틀비틀 걸어다가 산이 되는 일이다
듣지도 보지도 못한 곳에서
둘러쓴 눈 폭풍이 눈꽃 피우는 일이다

갓길에 선 허수아비 같은 고목들아
꽃 핀 상처마다 웃으라고
눈물 사이로 은빛 지느러미 눈뜨라고
에돌던 눈주멍에 불씨를 지피느냐

기침소리 쿨룩이는 새벽시간을 지나
꾹꾹 누른 하루처럼 겨울산을 밝아준다.

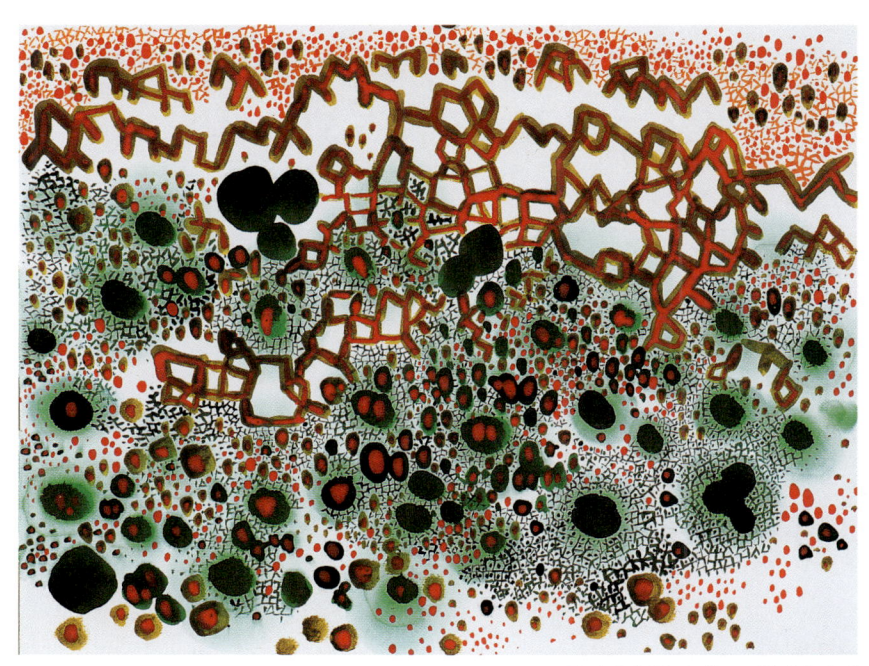

금강산의 봄. 60*45. 한지에 수채

봄날 2

늙으면 잔말이 많아지는지
봄볕 좋은 날
바지랑대의 빨래들이
제 또래의 바람을 만나-
어찌나 팔다리를 흔들며 구시렁대는지
햇빛은 뒷짐 지고 구경만 하다가
그만 깜박 퇴근시간을 놓치고

그날 밤 웹 사이트마다
때 아닌 백야현상이라며 도배가 되었는데
저 나갈 때만 기다리던 과묵한 달은
배턴터치도 못하고 주저앉고 말았네

그 틈새로 봄바람 불어
복사꽃 눈부신 맥박소리에
고실 고실 말라버린
나이든 빨래의 가슴에도 도핫빛 드네
쿵광쿵광 절구질하네

봄날이네.

떠오르는 시간들

오월. 38*53. 혼합재료

연꽃, 주먹을 펴다

연잎 위에 구름 몇 점 떠돈다
연잎은 꼿꼿이 허리를 세웠다
말뚝 문신 연꽃은
힘자랑에 굴림하듯 주먹부터 내밀었다

아무도 거들떠보지 않았다
외로워진 연꽃은 주먹을 풀었다
별무리처럼 향기가 쏟아지고
배회하던 벌 나비들 부리나케 달려나와
혹간 무슨 일은 없었던가
날개를 파닥이며 안마를 하고
꽃들의 배꼽 안쪽까지 부지런히 살폈다

걸음걸음 사람들이 구름처럼 다녀갔다

연잎들의 잎맥이 잔치국수처럼 풀려있다
물수제비구름은 짐짓 골똘한 망중한이다
소금쟁이들의 귀여운 발갈질에
염화시중의 둥그란 웃음이 연못에 번졌다

붕대처럼 풀어낸 꽃들의 주먹은
너와 나를 건너는 악수가 되었다

머플러처럼 감기던 하늘 바람의 한마디
"주먹을 펴야 마주 잡을 손이 온다네."

둥근 것들

안마를 받으며

열대의 새카만 눈동자에게 안마를 받는다
잘 세팅된 혈 자리의 급소를 찾아
두드리고 다시 문지르고 눌러 주고…
내 고단한 하루하루를 구석구석 찾아간다

부모의 은혜에 갚음하는 효녀처럼
생면부지 남자에게 몸공 들이는 소녀야
내 뭉친 부분들을 악기처럼 연주하는
귀신같이 영리한 네 손가락의 여행들로
어느 골짜기 골짜기를 찾아가느냐

웃옷 대신 미안함을 벗어부치고
나른한 꿈나라를 헤매는 동안
식량을 사고 어린 동생을 학교에 보내려고
네 전력투구를 짐 부려가며
1달러의 팁을 위해 세 살짜리 한국말로
"시원해요?"를 연신 묻는 그녀
"암 시원하지 시원 하고말고
근데 가슴은 왜 이리 바윗돌 올린 가슴이냐"

거센 물살을 건널 때처럼
어느새 내 몸은 젖어버렸다
소녀의 땀이 아닌
강물에 빠진 마음이 젖고 말았다
뿌리치다시피 일어나서
소녀의 검은 눈동자를 들여다 보았다
팁을 못 받을까봐 놀란 눈동자에게
잡히는 대로 쥐어주고 황급히 나왔다

감사합니다 감사합니다 감사합니다···
허리 접어 인사하던
소녀의 말소리가 환청처럼 들렸다。

흔적에 대한 思惟

집게

감꼴댁은 늘그막에 아들네에 산다
감꼴댁은 여든하고도 다섯 해를 살고 있다
모실 다녀오겠다며
이른 아침 집을 나가면 어둑해서야 돌아온다

감꼴댁은 까치보다 유능한 건축가다
여든 다섯의 몸이 버틸 수 있는 무게와 부피와
길이의 허섭스레기를 개미처럼 물어 나른다
헌 박스와 나일론끈과 스티로폼과 비닐봉지와
헌 막가지가 감꼴댁이 집 짓는 건축재료의 전부다

아이들 다섯을 두고 남편이 저 세상 떠난 뒤
바람 치는 들판에 홀로 남은 감꼴댁은
이 힘든 세월에 월세방을 전전하며
언제 내칠지 모르는 노심초사로 청상을 건넜다
팔십 고개를 넘기고도
들러붙은 무주택자의 설움은 끝나지 않았다
뼛속까지 파고든 집 없는 설움으로
잠을 잘 수도 먹을 수도 없었다

내 집 한 채로는 설움이 풀리지 않았다
감골댁은 산속 빈터만 보면 집부터 지었다
한 채 또 한 채 박스집이 아홉 채가 되었다
엉덩이만 들어앉힌 산속의 집이 아들집보다 편했다

오늘도 감골댁은 서리머리에 사과박스를 이고 간다
벌써 집 한 채가 감골댁 머릿속에 지어지고 있다.

문에는 사람이 있다

평동역에서

영혼이 붉은 꽃들을 본다

백합, 흑장미, 민들레, 천리향...
씨앗으로 왔거나 엉덩이만 걸쳤을 뿐인
저들의 눈동자가 초저녁별처럼 반짝인다
삐비 뽑는 봄날에도 일렁이는 강물
바짓단을 걷어올리고
신발 끈을 졸라매고 떠나야 한다

생은 일상으로 오고 가는 것
숲지, 혹은 등허리마다
강물의 긴 시간이 지체없이 달린다

바람이나 편지에서 꿈꾸던 사람들은
또 다른 봄날을 탐색중인가
내리막길 오르막길 묻지도 않고
이열횡대로 마주 앉아 싹트고 있다

아픈 바퀴 과자놀이는
다소간 뒤뚱거릴 테고

어깨 내린 능수버들의 진동을 받아
문 닫고 열매가 되는 꽃들의 시간

너울너울 지느러미 헤엄칠 일이라니
천천히 오르는 바람의 언덕
방금 도착한 사랑이 썰물처럼 떠나간다.

물고기 語法

개미 하느님

휘청거리는 달빛이 소주 때문만은 아닐 거라고
하룻밤의 숙면을 위해
김씨는 중얼중얼 폐가의 헛청에 몸을 눕혔다

오래된 처마의 한쪽 모퉁이가
오십견에 걸린 팽나무처럼 추욱 처져 있다
여러 계절의 비바람을 그르렁게 버텼을
기울어진 처마의 안온함에 기대어
시간의 목구멍으로 꾸역꾸역 하룻밤을 넘겼다

간질이는 햇살에 김씨의 목울대가 출렁거렸다
어젯밤 뜯어먹다 던져둔 단팥빵 봉지는
복닥거리는 개미들의 먹거리장터가 되어있었다
새카만 먹성에 섬뜩해진 김씨는 생수를 병째로 들이부었다
달려나온 물대포는 개미핥기처럼 빵봉지를 핥더니
내친 김에 담벼락 아래 개미집까지를 쓸어버렸다-

쓰나미에 휩쓸린 지지난 여름의 악몽 때문에 한곳에 오
래 머물지를 못하는 김씨는 정든 집을 버렸다 어느 절대한 분
의 재채기에 자신의 지구가 떠내려간 것처럼 생수 한병

의 노여움으로 개미의 지구를 휩쓸어버린 김씨는 창졸간에 개미의 하느님이 되었다

대명천지에 외로워진 개미 한 마리가
삐져나온 김씨의 구두밑창을 필생의 힘으로 기어오른다
저 개미에게도 오늘밤의 달빛은 김씨의 달빛처럼
휘청거릴 것인가.

하늘 만지는 코들

하루를 넘기는 것들

눈속 가득 옮겨 준
하루 하루를
목주멍 가득 넘기곤 한다

어떤 날은 햇살이 넘기고
어떤 날은 빗소리가 넘기고
어떤 날은 먹장구름이 넘기고
어떤 날은 꽃가지 흔드는 바람이 넘기고
어떤 날은 속눈썹이 매단 눈웃음이 넘기고
이럴 때마다
꼬리꼬리 흔드는 추억 물결들이 살갑다

이 하루 징검다리를 껑충 뛰어 마중 나온
햇살들의 웃음소리를 귀 대고 듣노라면
이마 환한 목소리에
백 가지 천 가지 꽃들이 피고 있다

여기저기 달려나온 너와 나의 목소리가
소매 끝 풍경들을 푹짐하게 상 차리고
골목은 하늘 보고 주름주름 웃고 있다.

경치는 겹친다

대게들의 달구경. 44*68. 혼합재료

귀신이 되다

북소리 둥둥둥 세상이 떠다니고 있다
이승과 저승이 맞바라기 하고 있다
고대하여 서쪽과 동쪽이 바뀌고 있다
먼 나라 공주만 예쁘다 예쁘다 침이 마르다
형체를 가진 것들은 서로에게 보이지 않는다
그림자끼리만 바라보고 말을 하고
이웃사촌은 얼굴도 모르고 히히덕거린다

사람이 그립다고 노숙하는 바람의 다리를
무지개처럼 아이패드가 밟고 지나간다
넘어질 뻔한 아이패드는
노숙자가 깔고 앉은 박스를 매몰차게 차버린다
IP주소 없는 바람을 바라보는 눈길은 마냥 차갑다

모든 친구들은 페이스북에 있으므로
목하 친구를 찾습니다 친구가 맞는지 확인해 주세요
광고를 클릭해야 귀신이 된 친구가 나온다
손을 맞잡고 방방 뛰는 친구는 귀신 세상에는 없다

귀신들은 정은 동물이 아니므로

스킨십을 하면 얼어 죽거나 타죽는다
부모들은 견고한 플라스틱관에 들어가서야
귀신이 된 아이들의 안부를 확인할 수 있다
소셜속의 소설을 읽느라 논픽션은 더 이상 팩트가 못 된다
140자를 넘어서 말하면 즉사하는 귀신나라도 있다
규칙을 잘 지키는 귀신들은 하느님도 못 죽이는 불사신이다

사통팔달이 바야흐로 귀신들 세상이다
순간 거울을 본다
치매환자처럼 낯선 얼굴에 비명을 지른다。

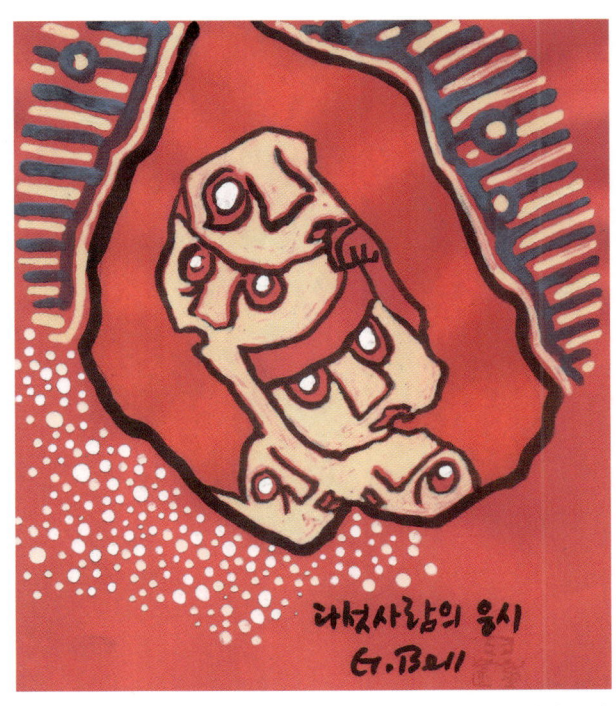

다섯 사람의 응시

당산나무 할아버지는

소리북처럼 늠름한 당산나무는
멀리까지 허공을 팔 벌려 앉았다
칠 백살의 육중한 몸이
손 모아 밤새 기도하는
삼천갑자 동방삭을 보는 듯 했다

풍우를 막아서던 가지 몇 개가 부러졌다
다람쥐보다 발 빠른 청년들이
어떤 것은 받쳐주고 어떤 것은 절단했다
가지가 절단된 뒤에도 당산나무는
솥단지 같은 제 속을 보란듯이 열어놓고
등대처럼 높이 서서 온 마을을 불밝혔다

마을 대소사를 원·근간에 내바람 하던
풍채 좋고 팔자 좋은 당산나무는
링거 꽂고 시름거리는 노환에도
하늘의 별들과 밤새워 소곤거리고
여름이면 그늘자리에 평상을 놓아
펄펄 끓는 삼복더위를 거뜬히 건네신다

마을사람들을 한식구처럼 정 붙여놓고
이리 태평세월은 없다시는지
하늘만큼 땅만큼 웃어 보이며
이날 평생을 부채든 한량처럼 살랑이신다.

더위 먹은 당산나무. 51*36.5. 혼합재료

CCTV에 말 걸다

내가 시방 벌금 십만원을 물고 오는 길인디
나도 모르게 옷깃이 스쳤다 안 헝가
구신 씨나락 까먹는 소리도 아니고 말이여
뭣이냐 허면
나도 모르는 일을 구신같이 잡아낸당께

긍께 고것이, 내 차가 넘의 차
옆쿠탱이에 손톱자국을 쫙 긁어놨다자니여
얼척도 없는 일로 수색을 당해
덜미를 잡혀부렀단 말이시

생각헐수록 억울하다고 땡깡을 놨더니만
고놈의 씨씨티빈가 뭣인가를 돌려주는디
하이고 구신 곡하겄더랑께
그라도 기중 가볍다는 손톱자국이라-
십만 원짜리 벌금장으로 끝냈네만
재산 날리고 원수 될 뻔 했당께
얼매나 가심을 쓸어내렸는지 원

우리끼리 말이지만 우리들 소싯적에는

어쩌다가 옷깃이라도 스칠라치면
보기만 혀도 벌렁벌렁
가슴이 방망이질허고 안 그랬능가 잉
요새는 말이제
뼁아리 눈물만치라도 사단이 생길라치면
경찰서로 가서 법대로 허자는 통에
눈깔 희번덕거리며 큰소리쳐 봤자제

종로 네거리 좌판에 오른 생선 맹키로
언제 누구의 옷깃이 스치능가허고
사방팔방 씨씨티비가 비린내를 풍김시롱
우리들 일거수일투족에다 가격을 매기드랑께
나쁜 인연은 벌금이 되드란 말이시
참말로 뒤꼭지 서늘할 일이구만 잉.

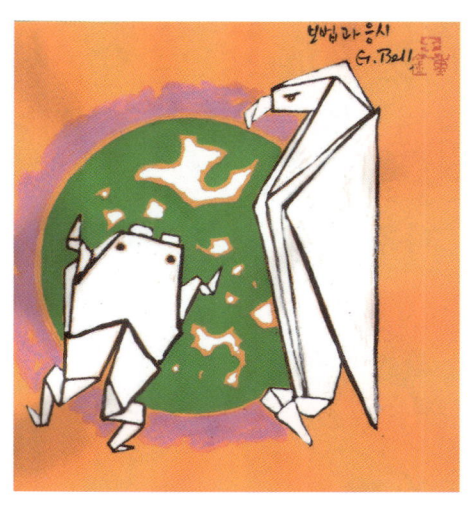

보법과 응시

노동의 얼굴

아무래도 씻기지 않는 것들이 있다
흔들리며 피어나던 바람의 들꽃처럼
숨 쉬던 어딘가에 손을 흔들던
자동차정비공장 세면장에 걸린 수건
누군가의 손들이 여기저기 박혀있다
독한 세제를 풀어 방망이로 두드려도
박혀있는 손들은 움찔도 않는다
다섯 손가락의 지독한 집념이
노동을 심각深刻한 금석문처럼
수건의 살집 속에 뿌리 내리고 있다
노동의 눈동자가 튀어나가
조이고 두드리고 문지를 때마다
생의 골판지에 구슬을 박아
사이사이 파고들었을 노동의 집요함
간국처럼 땟물이 스며들어
제아무리 문질러도 씻어낼 수 없었을 것이다
결국엔 피부색이 되어버린 노동의 빛깔
그 빛 하얀한 얼굴로 와서
수건은 검은 성자처럼 빛나고 있다.

마음의 눈들

산들의 여름. 49*36.5. 혼합재료

그대에게 가는 연습

길이 달려가고 있다
획획 지나는 가로수와 산등성이
굽이마다 누군가의 부비트랩을 넘어
꽃을 피우고 별을 기다렸다
달리던 곧은길이 활처럼 휘고
갈까마귀 떼는
늦가을 석양을 술퍼 울었다

어둠이 날개를 펴기 시작했다
단말마처럼 버티던 빛이 가물거리는데
검은 그림자 사이의 우듬지를 잡고
사라지는 까치발 풀꽃들이
사방의 길들을 떠받치고 있다

밀물이 뜨겁게 달려오다가
차갑게 썰물로 돌아서는 곳
생의 골짜기는 멀리 누웠다
이름 모를 풀씨들이
녹여낸 만년설로 꽃을 피우고
들여다본 그 작은 하늘마다

별 같은 상처 하나씩, 빛 나고 있다

삶이 언제는 올곧은 직선이더냐
그래, 모여 있는 저 작은 풀꽃들
천천히 처언천히
한 놈 한 놈 눈 맞추면서
그대라는 마침표에 닿고 말리니.

사막은 그리움이다

江의 습작
— 남북 동행을 위하여

멀리 가까이 강 하나 바라본다
지난 세월 허물짓지 않았어도
한눈에 가다서다가 보이는구나

맑다가 흐리다가
산맥들 불끈불끈 말달리다가
물에 뜬 뗏목처럼 잠수하다가
정신 못 차리게 눈비 오다가
이 끝 저 끝 물줄기
반갑다 오랜만이다 소리치다가

천둥번개에 폭설에
자심한 얼기불순이
피다 지다를 반복했구나
얼다 녹다를 거듭했구나

가도 가도 젖은 몸 흐르다 보니
어깨동무 산맥들이 마중왔구나.

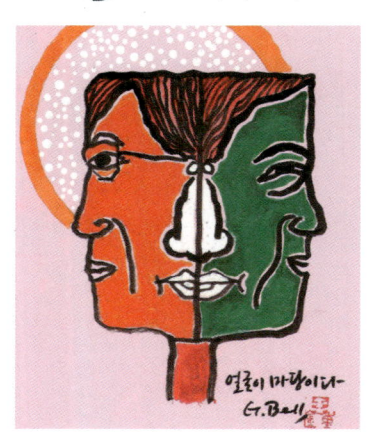

얼굴이 마당이다

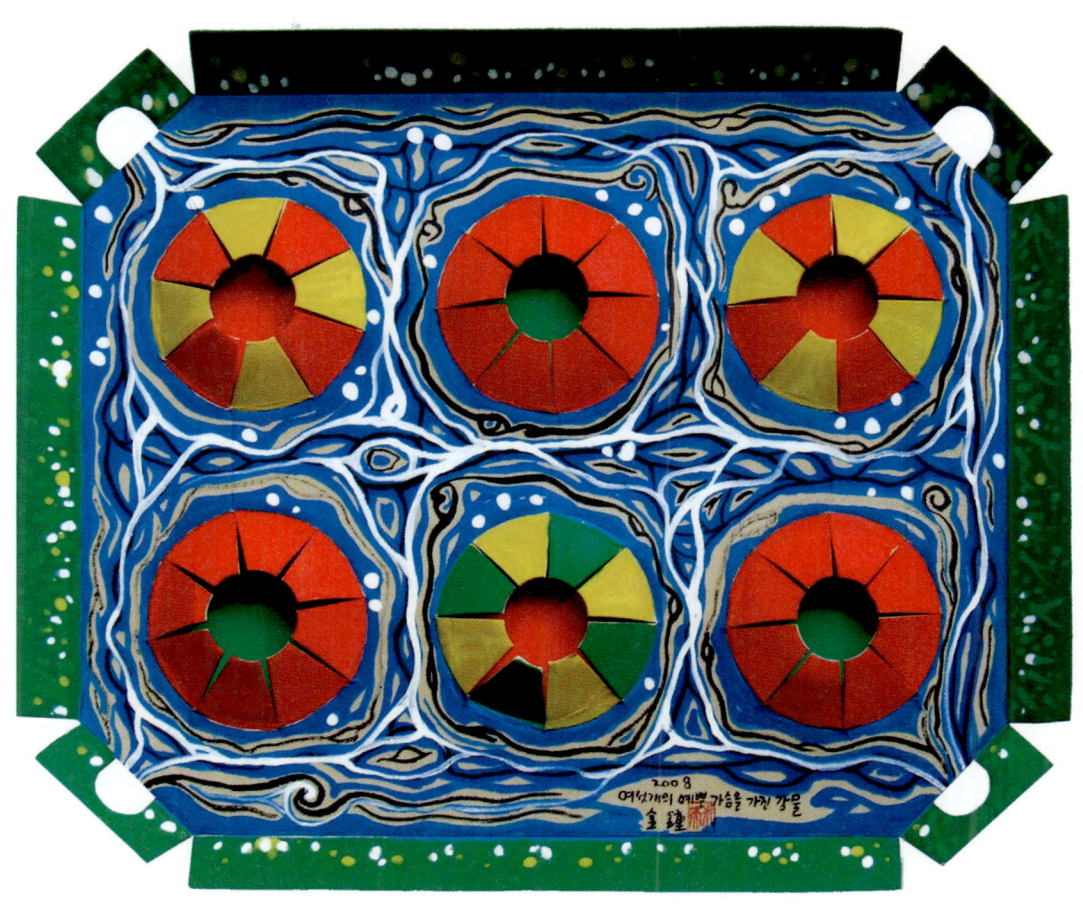

여섯 개의 예쁜 가슴을 가진 강물. 43.2*36. 혼합재료

나는 가을이다

새롭게 우거지기

열일을 제치고 백양사 축제에 갔다-
세상의 웃음들이 거기 모두 모였다
'그만'이라고 초들어 말할까 하다가
울울창창 산천초목의 잔치마당에
계절이 불에 타는 순간부터
우주가 비명소리보다 뜨겁다는걸 알았다

헤쳐모여를 선언한 하얀거의 스님들이
까짓 것! 하며 아픈 자연으로 모이거니-
시나브로 가을빛들을 보시하고 있다

마음이 붉어지거나 웃음 또한 불타면서
여기저기 불터처럼 흩어진 노래들이
화엄세상에 꽃가루의 길을 놓아
동자승 서넛이서 오던 길로 가고 있다-

소신공양이 한창인 산천초목 사이사이엔
웃음 너머 눈물의 하늘이
저 소들을 감싼 목마른 풍경의 일이므로
나는 비로소 길 떠나는 우주의 가을이다.

2부
금 긋기

포대화상. 185*105. 종이에 수채

달 걸어둔 나무와 나무들.60*130.. 혼합재료(오브제 사용)

곰국기

빈 속에 소주 한 잔.

물고기를 관조하다

주머니에게

어머니는 밥상이 아니었을까
어머니는 아랫목이 아니었을까
어머니는 등 굽은 사과나무가 아니었을까
그래,
이살
저살
꺼내 먹이시는
어머니라는 허공
그 무량한 주머니!

봄날

바다

장마통에 쫄쫄해진
미역 몇 가닥을
날 좋은 날
빨랫줄에 널어 놨더니
이놈들 봐라?
온 집안 가득
바다 행세를 하네!

중년의 바다

8월

보리빵은 부풀고
풍경은 풍경끼리
깔깔거리고

마을과 마을은
섬처럼
주름주름
남실거리고

열차는 덥다 덥다
납작 굴러서 가고

알사탕 굴리던
하늘 쪽으로
입 벌린
꽃들의 하품

개발새발 늘어진
하루가 녹아들고.

파도는 로망스다

서호西湖에서

꽃가지로 내려온 봄

놀다 가실 참인가.

※西湖 : 광주 서구 '운천호수'의 애칭

가우도 가는 길

만귀정 晚歸亭

그대 보시는가
연못의 맑은 몸
하늘에 구름 띄우고
갑사댕기 꼬리 사이로
사람 세상 춤추는 서늘한 그늘을

물 불어나자 목련 피네

그대 들으시는가
비단처럼 환하던 집
악기소리 없이도
허공 가득 연주하며
등지느러미 떠돌던 햇빛의 노래를

그대 미소 짓는가
밤 늦은 주인 기다리며
세상의 불빛 모아
등불 걸어둔 자리
낭랑한 음성으로 글 읽는 물소리를.

※ 만귀정 : 광주 서구에 위치한 정자

하늘의 훈육

소나기 푸닥거리로
뭇매치더니
낯달이 쉬어가는
하늘 한자리
저걸 어쩌나 올려다 보니
색동무늬 칭찬을
걸어 놨거든.

봄비 뒤에 숨바꼭질

타북

물 속 천 리에
초를 넣어

배부른 보름달을
가슴 가득 안으려니

힘을 준
아랫배가
바르르 몸을 떠는

눈망울 똘망한
비비새 한 마리.

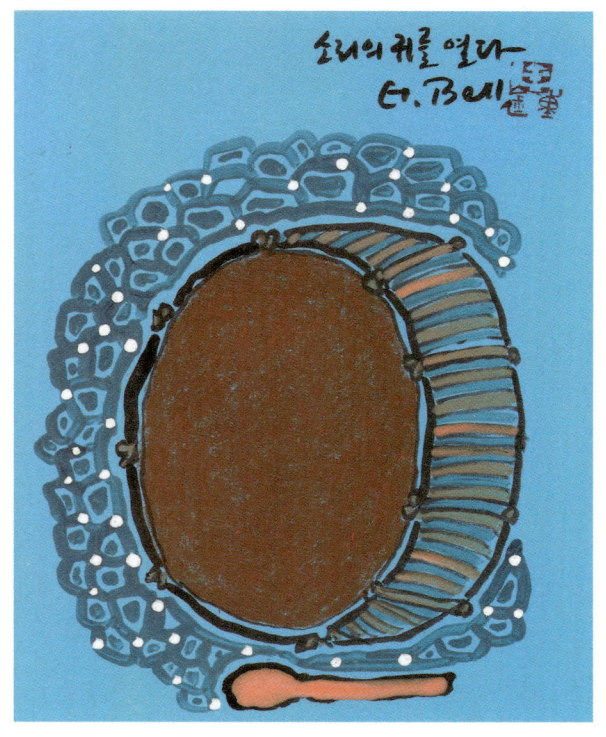

소리의 귀를 열다

입추

"벌써 고추잠자리가?"

"당연하제

코스모스 핀 지가 언젠데."

나무누리에서

저 씨앗

미상불
장소가
품어주니

시간이
차츰차츰
키워가더라.

담쟁이를 그리다

가출

한 방울
피의
무단가출

바깥세상에
나온 죄로
딱지가
되고

주걱에
붙은
밥알처럼

슬프게
말랐다.

움켜쥔 꽃

달

문설주에
걸어둔
너의 얼굴을

툇방머리
놋그릇처럼
닦아보다가

북채 잡고
아가미를
두들겼더니

눈웃음 잔잔한
연둣빛
추억들이

구름머리
미인처럼
떠오를 줄이야.

매화와 달빛

길을 엽다
― 삶과 밤

짧게
엮힌
땅바닥이

따리
튼
길이 되고

내려놓은
자리를
길게 늘여서

오늘도
먼
길 가는

우주여행.

즐겨 나뭇잎에 오르다

새벽 무각사

드문드문
눈물을
노둣돌 놓아

범종소리
쓰담쓰담
건너는 시간.

섬을 손잡이로 바다를 열다

노래 Ⅰ

나무들 초록 햇살에 새움 자란 세월은
범부채 꽃잎 같은 배꼽 하얀 웃음소리가
강언덕에 절을 하듯 휘어지다가
산기슭에 장난질하는 철이 덜든 바람과
산허리 오지랖에 구름되어 쉬어간다.

난수표와 튀는 개성

묘비명

나는 꽃잎 한 장보다 작았지만
세상의 꽃잎들이 웃어 주었다

감사하다.

장미의 봄날

구름 늦게 흐르면

하늘 땅
그 사이

창을 닦고

내 가슴
더운 설움이

소나기로
울고 난 뒤

대숲머리
바람소리가

연등처럼 흔들렸다-。

친구와 풍경소리를 듣다

홍어

유채꽃밭 날아드는
벌 나비처럼
보름달 둥근 얼굴
뱃길을 따라
흔들흔들 오색천
홍어배 오고

그렁그렁 눈물로
그대 이름 부르다가
가득한 술 주전자
홍어 한 접시
달 뜨는 저녁이다
상 차리거라

어디 사는 누구라도
친구할란다.

전라도, 홍어의 세월

3부
웅녀의 말

만남. 60*60. 혼합재료

백두대간에 번진 세월의 무늬. 96*50. 혼합재료

양림동에 살면서

풍경을 문신 새긴 팔각정에 올라
꽃 노을 무등을 오래오래 바라본다—

광주에 가슴이 있다면 여기라 하리
광주의 양지녘이라면 또한 여기리

사직공원을 한 바퀴 돌아나온
길고 부드러운 바람의 어깨들이
초저녁 불빛을 타고 하늘거린다

세월이 둥지 틀면 밑둥마다 회춘하듯
먹빛 겨드랑이에 새움이 돋는 나도

세상 물정 모르는 노랑턱멧새가 되어
그 가슴 그 양지를 포롱포롱 날고 있다.

나무 · 사람 · 집

웅녀熊女의 말

내 진즉
씨앗같은 조선의 어미가 되고 싶었다

하늘에 무릎꿇어 수태한 지난밤은
내 맵고 독한 사랑을 앓았느니
조선의 억조창생을 기도하고 또 기도하면서
이십 일 하고도 하루라는 강을 건넜다
눈보라 비바람에도 꺾이지 않는
만년萬年세월 조선을 분만할 수 있었다

태백산 같은 오천년은 거룩하고 장엄했다
눈물은 마늘로 크고 눈보라는 쑥잎으로 나풀거렸다
마늘과 쑥의 몸에서
태평성대를 거느린 영웅이 자랐다
말갈기 날리며 지평선을 달리고 산맥을 넘었다

아사달의 사직은 사시사철 배가 불렀다
바람과 비구름이 백성을 돌보고 산천초목을 길렀다

큰곰자리별에서 콩 한 동이를 불리고

끝날 줄 모르는 그리움과 사귀면서
가슴이 빠개지고 허리가 휘도록 별을 뿌렸다
발톱이 갈라져 나무뿌리가 될 때까지
사막을 건너는 낙타처럼 울었다

나, 이제
오천년을 살아낸 박달나무로 서서
말발굽소리 우렁찬 나라의 시작을 다시 낳으리라
처음이 끝이 되고 끝이 처음이 되는
대문 넓은 오천년을 새롭게 열치리라。

※웅녀: 국조 단군을 낳은 분

천지의 하늘에서 색층이 내려온다. 90*65. 혼합재료

독도 우체통

독도 우체통

긍께 말이어라, 나가 쥐방울만 할 때는 춤발라 우표딱지 붙여갔고 우체통에만 넣어주면 팔도 사방 어디든 착착 배달된다고 배웠당께요. 그래서 골치 아픈 땡깡쟁이는 우표 붙여서 어디던지 팍 보내버릴 수 있다고 우리 엄니가 하도 으름장을 놓는 바람에 흘라당 겁먹는 일이 많았었지라.

독도에 올라갔는디 뻘건 옷 차려입고 선걸음에 마중 나온 우체통을 봉께로 눈물이 핑 돌드만이라. 시상에 여그가 어디라고 편지 부친 사람에다, 그것 꺼내다가 배달하는 사람꺼정... 환장하게 반갑습디다. 그때 문득 파도치는 소리, 바닷바람 감아도는 바위들의 노래, 괭이갈매기의 똥, 슴새의 말똥거리는 눈빛... 고것들 말고도라 독도 꺼라고 이름성명 딱 붙여불문 향내 안 나는 것이 어디 있겠소 잉? 요 징허게 이쁜 것들 이마에다 우표딱지 붙여서 저 뻘건 입술 안쪽에다 소옥 넣어만 주면 구만리 우주장천 배달 못할 데가 없단 말이지라 잉?

첫눈에는 산지기 거문고처럼 영판 낯설던 우체통이 소낙비 폭설 따위는 한달음에 제쳐 불고 이 나라

삼천리에다 오대양 육대주는 물론이고 하다못해 섬놈들 콧구멍이나 배꼽까지도 착착 배달시킨다고 안 허요. 오메, 징하게도 신통방통 하구만이라. 동해가 섬놈들 넘어 다니며 도적질하라고 생긴 바다랑가요? 독도가 지놈들 노적가리 쌓으라는 앞마당이랑가요? 저것들이 저리 뻔뻔시럽게 깐죽거리는 걸 보고 있을랑께 속이 다 터져부요. 밀어붙인 이마빡에다 강력본드로 속달우표 를 탁! 붙여서 저 먼 화성으로나 보내부러야제 내 속이 시원하겄어라. 여태 꺼정 지은 죄도 보자라서 게다 짝 신고 지금도 저 지을 궁리만 함시롱 "하이하" 이" "고랏고랏" "도스케키" "도마 렛"... 줍실거 리는 저 삽보 고약 한 화상들을 화성이라고 맘 좋게 받아 줄 당가요!!

독도 우체통
G. Bell

독도 우체통

무등산

식은 자의 가슴에 불을 넣는다
아침에도 저녁에도 불을 넣는다
귀먹고 눈먼 자에게도 불을 넣는다

아아 무등산 고여도 넘치지 않는 바다
아아 무등산 죽음의 허리에서 눈뜨는 불씨
아아 무등산 끝끝내 끝까지 가득하던 ⛰

강추위와 찔찔거리는 눈물과 째째한 목숨과
닫힌 방과 얼어붙은 감탄사와 설겆이물까지
새벽에서 밤중까지 흘러내리지 않게 쓸어안고

흙 아닌 자 흙으로
인간 아닌 자 인간으로
모두모두 앉은뱅이에서 일으켜 세우며
크고 무서운 하늘의 말씀으로 굽어보고 있나니.

드들강

바짓단을 걷고 봇물을 건널 때
산 그림자 노 젓는 강물은
들녘을 가득 젖 먹이고 있다

미끄러운 발밑을 조심하라며
나의 어린 손을 꼭 잡아주신 어머니는
불 불어난 강물을 바라보며
드들이 슬픈 이야기를 들려 주셨다

봇물에서 멀리 훌년가 소리 들리고
도복한 벼 포기를 일으켜 세우듯
어머니의 보이지 않는 손이
넘어질 듯 물 건너는 나를 붙잡아

주절주절 아가미를 벙긋거리며
나 또한 이만큼 나이를 먹었고
지아비 가슴같은 남평 들녘을 열고
강은
오늘도 드들이 이야기로 흐르고 있다.

강촌이미지

광주가는 길

희망을 섬기는 외로운 사람들이
깃발을 앞세우고 기도하던 곳, 광주

그렇다 광주는 음악소리 아름다운 별들이 내리는 곳이다
그렇다 광주는 한나절 태양이 팔 벌려 어깨동무하고
고통이나 시련도 사랑으로 곰삭아 익어가는 곳

이야기가 살아있고 감동으로 물결치는 춤과 노래가 있고
대빗자루 같은 붓을 들어 시대와 풍속을 그리는 사람들

이름하여 광주, 광주를 보러가는 사람은 행복하다
광주를 찾아가서 인기척을 배우고 손 내밀어 악수하고
볼 부비고 얼싸안고 그리고 귀 기울이면
거기 물소리처럼 지나가는 맑은 기운의 광주가
우리네 간절한 세월을 한자리 꽃밭으로 일구어 간다

사랑하자 사람들이여 광주를 사랑하자
눈 맞추자 사람들이여 광주를 눈 맞추자
보듬어 안아올려 광주의 눈썹과 배꼽과 머리와 이마를 넘어서자
죽음의 골짜기에서 살아돌아온 광주의 광주의 양어깨를 사랑하자

세계의 이목이 하나로 집중된 광주의 정열을 사랑하자

삼가 주마등처럼 아름다운 청춘의 도시를
그 모닥불 같은 서랑같은 해돋이를 보러가자
산천초목도 감동하는 정신을 보러가자
예술을 보러가자.

꽃수레

증심사에서

오며가며 중생들 노둣돌 삼으라고
면벽스님처럼 절 한 채 앉아있다

오백전 나한님은 빙그레 웃고
너도 나도 오층탑 칠층탑 안아보라고
꽃문살 대웅전이 꽃문을 달아
이 계절 저 계절이 꽃처럼 피는데
누굴 찾아 나를 여기에 세우는가

누군가는 꽃 피는 시간 위에 있다
누군가는 꽃 지는 시간 위에 있다

누군가의 지친 손을 잡아주라고
누군가의 외로움을 들어주라고
귀도 손도 둘이라는 세상에
지는 구름처럼 천리에 머물고
버거운 짐 들어주는 숲을 보리라

돌도 오래 묵히면 좌선에 들고
어느 날 문득 여래불이 된다면서

노둣돌 누군가를 건너다니던
주름 한 채 곁에 와서 등을 기댄다

대웅전 철불에게 합장하려고
극락 찾아 계단 오르는 발걸음들
사찰 앞뜰에 물 한바가지 마신다
저 높고 낮은 산봉들
이마의 근심 걱정 땀처럼 닦아내면
나한의 미소 한 채쯤 거뜬하겠다

물주름 치는 산바람이 사뭇 파랗다.

담장 안에는 부처가 계신다

장미원

가슴 복판을 내리는 눈물
무섭고 험한 곳에서 눈물은 미덥지 않다
종말 終末을 지키고 섰던 육체 하나로
바람은 끝내 막을 수 없다
젖은 포기마다 흐뭇이 스며드는
비의 그 기름진 분해 分解
비만 와도
아득했던 소식들은
무감각한 장미다발로 피어나
바람과 더불어
잠깬 채 흔들린다

더욱 싱싱하고 팔딱한
물고기 비늘을 달고
지나간 일들은 새로와지는 법이다

길고 부드러운 파도의 등허리를
간단히 웃어 넘는 장미 薔薇의 입술
나이프의 빛이 번져올 때
장미가 성장했던 평일 平日의 체온은

벌써 확실한 끝물로 흐르고 있었다

돌아가는 기계의 톱날마다
맞물린 강의 그 찬찬한 진실
기침소리 하나로도
살아있던 저택邸宅을 가볍게 흔들린다

물 앞에 젖어있던 당신의 언어가
물방울 가운데 완전히 떠있다가
은은한 빛으로 발전되어야 한다
아침을 마시고 자라기 위해
굴屈함이 없는 자의 근육이 잠들 때도
비는 내리고 그 속을 헤치고 섰는
장미다발의 건강한 웃음
저리도 밝은 시선視線을 뚫고 나와
새로운 거리로 몰려 나간다.

단비 뒤에 찾아온 것들

내것이 아니다

당신의 가슴을
내 것으로 할 수가 없다
당신의 심장을
내 것으로 할 수가 없다
당신의 온몸을
내 것으로 할 수가 없다

눈썹이 부족하고
입술이 부족하고
갈증이 부족하고
건네는 눈길이, 정열이
사랑이, 허리가, 질투가 부족하여

왠지 당신의 사투리가
왠지 당신의 행복이
내 것이 아니다
당신의 갈증이 질투가 내것이 아니다
겨울날 방패연처럼 바람을 타고
공중에 떠올라 황홀한 얼굴
진정 내 것이 아니다

산 넘고 물 건너온
당신의 부활이 부족하고
당신의 기쁨이 부족하고
당신의 날개가 부족하고
당신의 말씀, 은혜가 부족하고
당신을 끌어안을 가슴이 부족하고
시리도록 저미도록 찢기도록
그대의 크나큰 기침위에 피어나도

내 것이 아니다
뜨겁게 뜨겁게 내 것이 아니다
상처에 풀잎에 무인도에
내 것이 아니다.

한쪽 눈을 가린 사람

하동河東에 가서

I
명사로로 몸을 가린 섬진강과
깔깔거리며 물장주치며
여러 마리 물개처럼 멱을 감는 지리산을
모여든 주름들은 차일치고 훔쳐보는데
연대蓮臺에 앉아 단전호흡 중인 천왕봉은
느린 몸짓의 어깨선에
열두 폭 비단 같은 소리장단을 걸치고
주름주름 물결마다 무지개를 띄운다네

II
물비늘 같은 사투리끼리 반짝반짝 어울려서
오늘 하루도 대낮처럼 저물지 않는 화개장터
이날 평생 대봉감 닮은 태양을 띄우신 하늘님을
허참판댁 잔치마당에 정중히 초대하여
불로장생의 갖가지 산채를 올리나니
참게장에 밥 비벼서 맛있게 젓수신 다음
쌍계사 녹차까정 곁들여 대접하면
보름달처럼 넉넉한 둥그슨 세월에다
이 들녘 저 들녘 물댄드는 것은 따논 당상이겠다

Ⅲ

은어 떼 같은 바람을 데리고
바다 멀리 수평선을 마중나간 섬진강이
달빛 별빛 맑게 내린
지리산의 저 준수한 자존심을 은근슬쩍 젠 체하고는
사람살이가 살가운 마을회관 안마당에서
하늘땅이 휘둥그레질 혼례를 치르나니
이만하면 풍류 넘치는 산천경개에다
이야기가 주렁주렁한
천하제일 하동이란 말은 빈 말이 아니로세.

기다리는 山들

그대 발길에게 바침
— 국토의 이목구비를 찾아가는 당신께

앞세운 그대 발길이 다녀가야
고을마다 산천마다 꽃 피고 새가 울지
그대 발길이 찾아가야
눈물샘 가득 노래가 고이지

발길이 의논하여 다녀와 보라
강물이 마중나와 출렁이고 있을테니
발길이 앞세워 찾아가 보라
역사의 산마루가 기도하고 있을테니
발길을 앞세워 찾아간 그대여
삼천리 삼라만상이 한 식구되어
달무리 둥글게 어깨동무하고 있을테니

그대 발길에게만 열어둔 세상
그대 발길에게만 열려진 감동

우리가 다녀오자는 금수강산을
가서, 살피고 만지고 이야기하자는 거야
호기심의 속눈썹을 깜빡이면서
저녁노을 배경삼아 그대 이름 부르노니

우리가 어깨동무한 삼천리금수강산이
한 나무 한 열매로 익어가자는 거야.

어디에 가서 무엇을 볼까

오이냄새와 애 낳기

제우스에게 불을 훔친 프로메테우스처럼
하느님만 가지려던 오이냄새를
내 무엄하게도 훔쳐다가
아이 하나 낳겠노라는 소원을 빌었다네

맹물에도 애 생긴다는 말 잘 아실 것인데
사시사철 오이냄새 곁에서
오이냄새 닮은 상큼한 애가 들어선다는 것을
정말 보여 줄 수 있겠다 벼르다가

연애하듯 오이냄새와 애 낳는 일이란
오이냄새가 애 낳는 요령을 터득할 때까지
사내냄새 피우는 팔팔한 청춘으로
내 집 문턱을 기쁨줌게 넘어서는 일이고
일단 오이냄새 쪽으로 눕고
마주 보고 웃어주고 안아주고
머리카락 만지며 이야기도 해주고…

내 사랑 오이냄새만을
하늘 같이 어르고 애달아하면서

열일 제치고 흠뻑 빠지는 일이었어

지구촌에 모여든 오이냄새가
세상풍파에 오염된 내 친애하는 해바라기를
진종일 빨래판에 문지르고 있을 때
소나기 뒤에 소풍 나온 색동무늬 무지개처럼
오이밭에 주렁주렁한 오달진 아이들이
오이냄새로 달려다니는 꿈을 꾸다가

눈을 뜨니
오이냉채 받쳐든 아내가 오이냄새처럼 웃고 있네.

과즙과 씨앗

겨울 운주사

깎아 놓은 밤톨 같은
헌헌장부만
부체 되는 줄 알았더니

하이고,
나하고 빼닮은
선남선녀 범생이들도

여그
영주산 자락에서
너나 없이
득도해 부렀네 잉

휘적휘적 멀어진
소실점 위에
낙엽처럼 떠가는
기러기 한마리.

성불을 위한 상상력

더 먼 곳의 그리움

우물에서 피리소리로 불러낸 기억

우리들이 가는 길엔
오르고 싶은 산도 많고
건너고 싶은 강물도 많았다

아아 오르거나 건너고 싶었던
우리들의 우리들의 현실적인 그리움
손 내밀면 잡힐 듯 가깝다가도
뒷걸음쳐 사라져 버리는
아득한 날의 먼먼 그리움

넘쳐날 듯 차오르는
빛 밝은 웃음들과
생각할수록 멀게만 느껴지던
그 끝 모를 그리움

눈 감아도 사랑할 수 없을 때에는
가누지 못할 사무친 몸으로
행렬이 긴 새떼처럼 날아갔었네.

영산강·3

에브리 바디, 나는 강이다
짜늘인 대자연의 산전수전이다

걷어 올린 치마 사이로 青山을 앉히고
남녀노소 밥상이 되는 세상을 찾아
구석구석 들녁을 의논하면서
사람 사이 마을을 연애하러 간다

나는 왜 강이 되었는가
강이라고 선언부터 하는가
천생배필 대지와 풍년을 만들자고
몸짓 느린 세월을 뗏목처럼 배 띄웠다

두런두런 기도소리 어미 찾는 계절이면
허기진 만백성이 나를 나를 마신다
모여있는 나무마다 달을 띄운다
내 몸에 솔바람소리를 편지처럼 읽는다

에브리 바디, 나는 강이다
심장 안팎에 웃음을 달고

꽃피는 하루하루 기쁨의 길을 간다
가서 구들장 아랫목에 밥을 묻는다

나는야 가슴 큰 눈이 선한 동물이다
출렁이는 허리춤이 불린 젖을 꺼낸다
슬픔을 다독이며 마을마다 환생한다

나는 나는 그리움 찾아가는 푸른 강이다
들녘을 음악처럼 연주하는 푸른 손이다.
　※ 영산강: 나주를 강보처럼 감싸며 흐르는 강

등대가 지키는 강

노을에 뜨다
— 부석사운浮石寺韻

- 태양을 문 발가 반짝 산모퉁이가 스친다
- 돌탑이나 나무들 허공 나는 몸이 되어
- 별무리 일물에 우르르 오리새끼들 뛰어든다
- 연꽃처럼 피어난 너와 나의 웃음소리에
- 멧부리는 외롭고 눈물은 언제 마르려나—
- 물갈퀴 저어저어 구름은 오고
- 산모퉁이 바위를 얹어 뗏목처럼 띄워보내니
- 저 너른 바다 무량수 무량수 건널 수 있겠다.

태양을 들어 올리는 사람들. 90*90. 혼합재료

편지 2
― 비나리 부곡

꿈꾸는 날의 가슴 선한 사람들이
흙 파먹고 살기 위해 주저앉은 곳
만고풍상 이겨낸 당산나무와
명절이면 모여서 연 날리던 곳 산정
죽석자리에서 새끼꼬다 잃어버린 손금과
촛끄지불 아래서 읽어본 삼국지
그것들 그리워 서랍 속의 봉투를 꺼내들면
반갑다 손잡던 이똥 낀 친구들이 보인다

앞들을 흘러가는 들포강에서
생수주머이 막힐 때까지 멱을 감고
저녁 무렵에야 꼴망태지고 돌아오던 길
그때 하늘의 별들은 어찌나 빛났던지
사람 목숨은 풀뿌리나 한 가진 법이라며
쑥시는 삭신으로 일기불순을 점치던 어르신들
이날도 잘들 계신지 궁금하구나

너른 품 전답에 쟁기박아 씨 뿌리며
청춘도 공부도 주름살에 감추고
흘려보낸 육자배기에 무릎장단을 놓았었지

이 마을 떠나면 당산할미 둥지는 알아내께
세상사 잡풀처럼 질퍽하게 살 일이여

오늘은 한 점 구름으로 떠서
핏덩이가 넘어오는 뜨거운 꿈을 꾸고
내색없이 살아도 천 길 만 길 깊은 속을
내사 한 달음에 뛰어가던 대보덤
그때 굽은 등 펴기 위해 일어서던 사람들

참외서리 닭서리는 한 세월에 묻힌다지만
그 하늘 그 빛깔은 그때처럼 고왔던 것을
이대도록 떠도는 우리네 쳇바퀴에다
비나리로 떠가는 구름은 잊지 말라 했었지.

고갯길에서 만난 부엉이

무의도舞衣島 생각

날개옷 파도를
해지도록
걸쳐 입고

소라게 빈 집에서
쉬던 바다가

섬 사잇길에
박수소릴 부르다가

귀 세운 호룡곡산에
무지개 걸어놓고

수많은 풍선처럼
하늘거리는 중이다.

※무의도 : 인천광역시 중구 무의동에 있는 섬.

달밤

4부
은근한 불청득

완전한 자궁, 백록담. 43*20. 혼합재료

태양에게 덤비는 수탉들. 8월. 43.5*43.5. 혼합재료

모과, 성불하다

벽색을 가득 걸치며
수도정진을 이어가는
모과 세 덩이의
꿋꿋한 보살행이
부처의 설산고행처럼
침묵 속에
두 달 반을 넘겼다
그 덕에 불 켜지 않고도
아파트 테라스에는
천축天竺행 향기들이
성불 중이고
극락을 불러내어
꼬투리는 빠져도
미소와 놀고
대바구니 연대蓮臺에
받쳐 올린 삼장 불
볕 잘 드는 창문 곁
진신사리처럼 모셔져 있다.

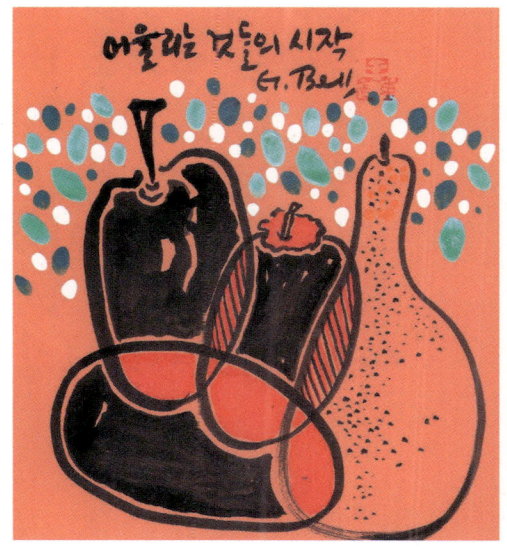

어울리는 것들의 시작

절요折腰

하루하루를 허리 굽히리라
이마가 땅에 닿아
저 높은 산봉이 젖도록
여러 자리에 미소 보내리라
우거진 새순 올라와
도란거리는 이야기 소리,
비눗방울 후후 불어
오색 꿈 둥실거릴 때
그때 그 많은 이야기를
폐활량 가득 들어보리라
옆구리에 두 손 찔리면
숲에서 불어온 바람
심장 뛰는 이 지상의 소리
온화한 가슴이 사랑하리라
돌리고 돌리는 바람개비로
길을 내고 마음을 달리면
앞마당에 부리 노오란 개나리는
가득 웃음을 심지 돋우는
사무친 마음이 와락 뒹구는데
초 잡고 일어서던 한 구절의 풍경이

붓빛마다 가지마다 흔들리지만
혼자가 되어도 거리낌 없는,
실로 늠름한 우리들의 경륜
아아, 살아가는 자들 모두의 덕분이니
이것저것 생각만도 눈이 부셔라.

파도 위에 앉은 새들

네가 한송이 꽃일 때도
나에게는 왜 네 눈물만 보이는지

내 가슴에 들어와 인연이 되고
그 인연들 흘러나와
두 어깨 들썩이는 눈물이 되는 너

물길 거슬러
뒤웅박에 바람잡는 세월이라도
모천에 오르면 연어가 되고
눈길 보낸 자리마다 꽃들은 피어
벌새의 그 자그마한 날갯짓 뒤에
너의 그 기나긴 외로움, 알아볼 수 있을까

어느 늦가을 석양녘에 눈물 방울 방울
빈 가지 가지마다 서리꽃을 피우고
차가운 내 영혼 뜨겁게 만나리니

네가 한 송이 꽃일 때도
나에게는 왜 네 눈물만 보이는지
너의 눈물을 언제 다 말릴 수 있는지
사위어가는 네 눈물 불 켤 수 있는지

너른 하늘 별빛들의 독야청청이
호올로 세상의 흑암을 건널 때
몇백 광년 너의 눈물의 고독이
별들의 놀이에 방패연을 날리는지
서로를 녹이고 뭉치고 흘러가서
비로소 꽃 피어나 별이 되는 것인지.

태양을 노래하는 사람들

은근한 불평등

남자여 화장실 너무 믿지 마라
달래지도 고백하지도 마라
유사 이래 그대들의 소변법은
미증유의 견출전략에 둘위되었다
어쩌면 진작부터 부러웠을지 모를
여자들의 앉은 자세 소변보기가
단 한 번의 충돌도 없이
산보다 조용히 산불보다 맹렬히
자긴 선착순으로 타들어간다

서서보기로 해결하는 소변법 보다
앉은 자세가 백번 수월하겠지
실측자들은 벌써부터 실행에 옮기는지
차별 없는 평등세상을 예찬하고 있다
이리되면 그간의 서서보기 소변이란 게
이쪽 차별인지 저쪽 차별인지는 애매하다

상전벽해가 몇 번을 뒤바꿔어도
소변법만은 요지부동일 줄 알았다
설사 바뀌는 날이 온다해도

삭발단식에다 자살 희망자에다
쓰나미처럼 덮쳐드는 대성통곡이
이 나라 이 강토를 휩쓸 줄 알았다

남자라는 이름의 호모사피엔스들
회전이 빠른 머리 덕분인지
서서보기 소변이 무너질 둑이란 걸
오래전부터 알았다는 듯이
받쳐든 두 손을 재빨리 내리고
남북통일보다 서둘러 좌변기에 앉았다

앉은 자세가 서서보기를 무혈흡수하면서
이제 남녀평등은 완벽한 만만세다.

맹렬한 real

산들의 달구경. 45*35. 한지에 혼합재료.

서석대 · 입석대. 25*23.5. 한지에 혼합재료

망각보살님덕분에

가을 하늘처럼 망각보살님은 청명하시다
더러는 아랫목까지 한뎃잠도 자지만
꽃대 같은 허리에 무거운 소식들을 이고
휘청휘청 씨름하던
수천 갈래의 시간들을 싹둑 잘라내시는

삼가 망각보살님의 가위질 덕분에
막무가내로 들이닥친 회백질의 시간들이
씻어낸 말간 달처럼 두둥실 떠 온다
다녀가신 자리 자리에
산천초목이 낙엽을 덮고 분주히 움터온다-

폭발한 흑점들의 혈기왕성한 분노를
감쪽같이 날려보낸 하루해가 환하다
앓아누운 해 묵은 상처들이
하하 호호 벌나비 나는 사철낙원이다

때로는 모래바람이
때로는 소낙비가
때로는 앞 볼의 눈물이

때로는 물레방앗간 아슴한 사랑이

망각보살님 다녀가신 자리마다 웃는다
갈맷빛 사월의 연두처럼
배꼽 같은 세상을 울컥울컥 웃는다。

골똘한 눈에 무엇이 보였을까

호응

호응

산이 품어주면
잔설더미
응달밭이 도
저리 조용히 빛이 나는데

그대와 나
배 띄우던
강물로 뻗어가서

보금자리 찾아가는 새무리처럼
이 세상 저물녘을 끼룩거리면

산봉마다 계곡마다
물 흐르는
웃음소리가
달빛들의 아랫목처럼
아니 따뜻하던가.

흠·흠· 如如하지
— 탄허 스님에게

연질을 주시지요 아무 날 아무 시에 찾아오라고
약속이 싫어 속세를 山門으로 바꾼 땡중에게 날짜
와 시간을 말 하라니 무슨 소린가

스님, 세상을 눈 밝힐 책 하나 쓰시지요
이 사람 첩첩산중일세. 책이란 책은 몽땅 불사르려는데
스님과 묻고 답하는 자리가 있었고 못 알아듣는 시봉에게
이 사람 어지간히 되었거던, 책 좀 읽으라고
언제는 불사르겠다더던 책을 읽으라니오
그래 그랬었지, 책을 읽어봐야 불사를지 말지를 알 것 아닌가

입적入寂의 시간이 왔다
스님, 어떠십니까? 시봉이 물었다
흠·흠. 여여如如하지.

한 잔의 차에도 得道가

파아란 속앓이

우거지면서 내가 숲이었어
주억지면서 너의 맛이 들었어
이마를 사랑해면 머리를 올렸어
어깨를 이어서 어깨동무가 되었어
이마에도 어깨에도 햇살 내리는 도시
그 너로 주변이 꽃밭으로 웃었어
세상은 마냥 싱겁고 고독하다더니
쓸쓸하고 춥고 배고프다더니
눈보라가 먼저 알고 말을 걸었어
마른 바닥 스며드는 빗물 되라고
가슴 풀진 날씨더러 계절을 녹이라고
동서남북 촉을 내민 파아란 속앓이에
물뿌리개 가득 물을 주라고
사람세상 불러내어 온갖 햇살 뿌리라고
높은 허리 꽃대 위에 꽃 피우라고.

나무는 잎사귀로 불을 켠다

차례

설핏 서산머리에 하루해가 저물 때
한 가닥 눈물 같은 빛이 어리다
폭포수는 쏟아지며 타오르며
우리는 하루하루를 꽃 피어날 물보라

이제는 잠잠한 듯 꿈틀대던 것들이
울끈 불끈 근육으로 깨어날 차례다
이 풍진 세상을 허물고 다듬어서
새살 돋는 혁명을 노래할 차례다.

당신이 선택한 기린은?

그리스를 굽다

올림퍼스를 아궁이 만들어라
저녁노을 불기운에 아테네를 구워라

고요가 가득 그릇소리를 내는 시간
신들의 만찬석은
한 점 한 점 아테네를 포크질하고 있다

산그늘이 내려와 앉았던 신전마루
고무공처럼 튕겨 올린 신들의 팔자소란이
어둠을 뒤로하고 접시 닦는 중이다

별들이 꽃가루처럼 뿌려진 시간
양탄자에 일품요리를 올리고
물웅덩이 깊게 패인 풀섶을 나와
나무들은 숲이 되고
세상인심 간섭하던 신들은
천 갈래 만 갈래 흥망성쇠를 굽는데

아테네의 귓구멍을 틀어막거나
집채만 한 바위들이

꽃들의 입술로 말을 하거나

소리소문 듣고 달려온 신들은
따끈따끈한 소식들을 술잔에 부어
올림퍼스의 높다란 산꼭대기에 올리고
밤을 새운 불구경에 몸을 녹였다.

두 개의 시선 - 角과 覺은 하나다

폐선 안쪽

새무리 따라 하늘이 사라졌다
시리게 푸르던 것들 모두 떠났다
하늘의 잎덧이 바다로 옮겨지고
갯냄새로 유혹하는 바다는 잠눔이다
잠이 든 듯 만 듯
설장주 가락 같은 파도소리만
들락날락 눈물 매달고 설렌다
양협에 흐르던 강물이 보이고
한기 가득한 세상의 겨울이
갯바닥보다 춥진 않겠지
새무리가 물어온 한 자락의 하늘
햇빛 살리고
천국의 살점들이 쏟아지는지
낯선 갯고랑이 서둘러 깨어난다
불안한 울음에 동참하던
폐선의 속내는 끝내 눈물이다
풍경이 게워낸 부스러기들 모아
갯벌은 가득 성장통이다
파도가 핥아버린 바다의 목덜미
강아지풀 한 움큼 기운좋게 자라

눈물 안쪽을 가발처럼 덮었다
이 운명을 떠나갈 도도록한 세월
아니다 아니다 아니다
가슴을 바다에다 꼬박고 있는
저 꺼머런 선미船尾가 무슨 죄인가
바로 그때 점령군처럼
뱃머리 어깨선을 파도가 덮쳐왔다.

낙엽 위에 바다

어깨나이 육십의 고백

친애하는 나의 오른쪽 어깨가
밤새도록 지독하게 울었다 큰소리 한번 브르던
어깨의 지난날의 과로를 돌이키며
질세라 나도 울었다 밤낮없이 부려먹은
어깨의 그간의 산전수전을 함께 울었다
잠들 수 없는 허탈을 뼛속 깊이 울었다
육십을 넘기면서 처음 울었다
앙 다문 이빨들을 쏟아내듯 울었다
은하수도 어깨의 대성통곡을 반짝여 주었다
수말스럽기에 통곡할 일이란 없겠거니 했었다
섬섬한 생각 따위랑 접었거니 했었다
내색 않던 마음이 그리 높은 파도였나
울지 않은 아이처럼 젖 줄 생각은 떼먹은 어미
되는 대로 부려먹고 나 몰라라 지변 세월이
어깨를 이리 엄청 서럽게 했나
절벽 앞에서도 불구덩이에도
제 몸 사리지 않은 나의 오른쪽 어깨에게
뇌성벽력 엄동설한일랑 움츠리지 말고 덤비라고
등 떠밀어 앵벌이 시킨 꼴이라니
손 잡아 흔들어 주고

사람사람 등 두드려 내바람하던
오른 쪽 어깨의 변함없는 충성심을
주는 대로 덥썩덥썩 받아 먹으며
이 나이가 되도록 나는 무얼 했던가
그 심정 절절하여 다리 뻗고 내가 운다
두드리면서 울고 주무르면서 운다
어깨나이 육십은 체면 염치도 내려놓고
하늘에서 별을 따는 별 같은 계합장이라며.

의자를 놓다

버들호래

한 입 바람을 모아 호래를 불면
그 소리에 살랑살랑 꼬리 흔드는 봄

삐이~삐, 삐 삐이

다섯 구멍도 여섯 구멍도 아닌
두 구멍의 높낮이에
흘러나온 노래 소리야 서툴기만 해도
들녘이 살아나며 기지개를 켜나니

버들호래 하나 들고 주유천하 하는 촌놈

호래소리도 그렇거니와
출싹대는 촌놈의 꼬락서니가
우리네 말더듬다 잃어버린 자유보다
얼마나 싱싱하고 힘찬가를

얼음을 깨고 헐벗은 가지를 열고
꽃눈 뜨는 봄을 보고서야 알았다.

早春

물총새의 부리

물총새의 부리 날카롭지만 예쁘다
안개 오르는 강의 그 질펀한 가슴
강이 따뜻한 이유를 알 것 같다
얕은 강 수자리를 둥지채 덥히고
죽지죽지 날개 사이로 무지개 내리면
세상은 흡사 전설이라도 된 듯
가늘고 기다란 눈을 뜬다
물총새의 부리 같은 예쁜 눈을 뜬다
지느러미 한가로이 너울대는 시간에
부리 노오란 새무리는 제 집을 짓고
따뜻한 이유가 계속해서 부화한다
각시붕어처럼 헤엄치는 구름무리들
추억이야 희망이야 한 무더기 바람인데
반짝이는 썰물의 자애로운 양보 뒤에
아침에 닦아놓은 창유리의 안량처럼
세상을 깨우는 건 물총새의 부리였어.

구름의 짐작

팔다리를 올려놓고
한 나절은 쉬어 갈 요량으로
짐작가는 데로 구름은 눕는다
허리춤에 손 찔러 넣고
누군가가 받쳐 주 걸 안다는 듯이
검버섯 내려앉은 지게구름은
물웅덩이에 개울물만 만나도
졸 졸 졸 안도의 인기척을 보낸다

구름의 아랫배가 바다로 내려 와
파도에 누워서 멀리 멀리 흔들린다

산봉 높은 노숙자 구름이나
마천루 펜트하우스의 재벌구름이나
파킨슨병에 나이든 구름들은
저들의 애틋한 기억들을
바늘에 꿰어 낚시질하는 사이

언제나처럼 미끼는 옛년의 조각구름
통나무 자르듯 하루하루를 조각내어

밀식한 기억의 교차로에 보내면

길을 잃고 둘러앉은 지게주름 주변을
잔주름투성이 주름들이
잘 한다 잘 한다 응원하면서
달빛에 취한 나무를 흔들고 있다.

르네상스를 연주하다

동굴의 심(力)
— 웅녀에게

껍데기라 없는 미련곰탱이라도 그라제
웅메, 거그가 시방
깝깝한 어둠 속이 징허지도 않허덩가
매웁고도 독헌 스무하렛날의 거시기를
얼척도 없는 쑥허고 마늘들만
어찌 군말없이 살러냈은까 잉
내 맴이 짠해서 어째야쓰까 모르겠네

그런디도 용하게 참고 견딘 덕분에

지침소리 쿨룩이는 사람이 되불었고
두 손 모아 지극정성 기도드린 담부터는
너와 나를 수태한 이 나라의 어매가 되어
동굴 속의 튼실한 열 달된 주머니로
젖 먹을 적 힘까지 팍팍팍 주더니만
만년 사직 호령하며 배부르게 이끌어갈
똑똑한 아그를 나부렀단 말이시.

동행

일출군어도. 25*20.2. 혼합재료

우듬지의 춤
— 어머님께 올리는 시

몸이라도 안아드리고파
뒤에서 깍지 끼고 어머니! 부르면
돌아보며 웃음짓던 그윽한 눈매

문풍지 울리는 차운 밤에도
눕지 않고 꾸벅거리던 그림자
한평생 비좁은 당신의 바늘귀가
어린 것들 웃음소리로 길을 열었고
디딜방아 울럭하는 신새벽이면
칠색 무지개 걸어놓고
꽃잎처럼 살랑살랑 앞장섰지요

너른 바다 거친 풍랑
이 굽이 저 굽이를
손 모아 기도하고 노 저으시더니
세상에서 가장 편한 아들 등허리에
꽃에 나비 앉듯 사뿐 얹히려고
늑막이 이날까지
붓기 덜고 또 덜어내신 어머니

아리랑 아리랑 아라리요
구성지게 뽑아낸 노랫가락에
두 팔을 훨훨 날개 만들어
너울너울 춤을 추시니
어머니가 비로소 우듬지 되셨다
천지간에 우뚝한 산봉우리 되셨다

둘러서서 구경하던 산천초목도
우듬지의 키를 따라 춤을 추네요.

그리움 - 우듬지에 새를 날리다

1980년대

엘리베이터가 올려주면 오르고
내려주면 그만큼만 내리며
작동된 대로 상승, 정지, 하강

고장해야 버튼이나 누르는 재미로
위아래를 수시로 반복하며 오가는
우리네 꿈과 현실, 그리고 일편단심

엘리베이터에서 엘리베이터 만큼만
기다리고 사랑하고 그리워하고…
엘리베이터에 채워진 공간과 시간 속에
입고 먹고 잠자고 애무하고 생각하고
침 발라 돈을 세고
신문과 방송에 이름을 내고
빌딩을 매입하고 사출들을 염려하고…

그 다음은 어느 누구의 행복도 불행도
강 건너 불빛처럼 아득하던 것

발걸음을 옮기면 저절로 다다를 곳

작동된 만큼만 오르고 내리기 위해
엘리베이터 문지방에 다소곳이 서노라면
아 아 어느새 즐겁고 대견한 사람들
사방과 위아래를 닫아걸고
영원을 꿈꾸며 갇혀있다야.

건곤일척을 그리다

꽃들의 추상어법. 62.5*61. 혼합재료

| 내 자신을 향한 시창작 메모 |

구면과 싸우며 초면 찾아가라
-시대의 소수자인 시와 시인을 위하여

김 종

암 투병 중에도 시를 골몰한 시인

집행관측에서 독약을 준비하는 동안 소크라테스는 피리를 꺼내 노래 한 소절을 연습하고 있었다. "지금 이 자리에 그게 무슨 소용이오?" 누군가가 신음처럼 말하자 소크라테스는 태연히 답했다. "그래도 죽기 전에 음악 한 소절은 배우지 않겠소?" 독약을 앞에 둔 소크라테스의 피리연습에는 죽음의 공포를 넘어서려는 자기 연민이 보인다. 허나 그 순간 소크라테스는 한 사람의 철학자도 소피스트도 아닌 한 사람의 시인임을 볼 수 있다.

암 투병의 절박함을 어찌 시로 쓸까를 골몰했다는 '어느 시인'을 두고 소크라테스를 떠올렸다. 이 시인인들 어찌 죽음에의 공포에 초연할 수 있었을까. 잊으려 하면 할수록 커지는 것이 죽음의 공포이리라. 그런데 이를 시 창작으로 넘어서려 한 시인의 모습에서 한 사람의 암환자가 아닌 철학자가 느껴진다. 내일 이 세상에 종말이 와도 한 그루의 사과나무를 심겠다는 희망의 아포리즘이 거대 울림으로 물결치는 순간이었다.

시인에게 시는 본능의 한 부분이라고 본다. 시인에게 시는 세상의 구석구석에 숨 쉬는 사랑을, 그리움을 나무가장이처럼 물어다가 사람사람이 깃들 보금자리 짓는 일이라 본다. 시로 짓는 보금자리에는 강물 같은 기다림이 필요하기도 하고 궂은 일 험한 일 모두를 열어가는 강물 같은 자기추진력 또한 필요할 것이다. 그런 의미에서 조석꺼리도 없으면서 자신만의 토굴에서 울고 웃는 꿈꾸기가 시인의 '시 쓰기' 일지 모른다. 그렇다, 시인에게 시 쓰기는 자신만의 토굴에서 울고 웃는 꿈꾸기다!

시 쓰는 세상에서 사라지는 건 없다

세상이 온통 넘쳐나고 있다. 장마 통에 무너진 강둑처럼 사건사고와 먹거리가 넘쳐난다. 무심하게 지나친 사건사고에다 무감각하게 먹어 치운 먹거리들! 옛날에는 함포고복이 사람 세상의 유토피아였다. 지금은 여기 저기 비만지옥이고 비만지옥을 탈출하려고 다이어트로 목숨 거는 세상이다. 넘쳐나는 것들 땜에 인간을 지키는 가난의 시간은 시 쓰는 시인에게만 그리운 금강산이 되고 있다. 이 나라에서 시가 읽히는 기이함은 언어의 비만 현상에 대한 삽상한 반사 작용일지 모른다.

초근목피로 연명하던 보릿고개의 시절에는 청라언덕과도 같았던 '내 마음'과 배꽃 같은 내 친구 내 이웃이 있었다. 지금은 어디론가 흘러내린 장강 같은 시간들만 바다를 향해 길가고 있다. 비만에 편승한 문명의 여러 품목들이 반죽되기를 기다리면서 죽 쑤어서 식힐 틈이 없을 만큼 정신 줄을 놓아버린 물신物神들의 그 무엇에 잔뜩 홀려있다. 반어적이지만 시대는 잠들지 않고 쟁여진 땔감들을 마구잡이로 헐어다가 시의 아궁이에 그리 열심히 밀어 넣어 불을 때고 조리들을 하시는지.

그럼에도 등불잡고 길 찾아가는 이가 있다. 시인이다. 산 설고 물 선 세상, 시인이라고 예외는 아닐 터. 연잎 위를 구르는 아침이슬 같은 청정세상은 시인의 노래 속에서 살아나고 있다. 불볕더위가 이글거리는 사막에도 오아시스라는 물과 그늘이 있듯 구간지옥 같은 인간 세상에도 시인의 시가 있어 절망을 식히고 달래는 맑은 물소리가 흐르고 있다.

시 쓰는 세상에선 그 무엇도 자신만의 노래를 뽑아낸다. 눈에 맺히고 생각에 잡히면 손끝을 거쳐 이내 시로 태어나기 때문. 사라진 것들이 시의 암실에서 네거티브로 재생하듯 세상에 표정을 지닌 것들은 한 편 한 편 시의 눈빛을 밝힌다. 억눌리거나 버려진 것들도 시를 만나면 허리를 세워 몸을 흔든다. 하늘로 열린 것들은 이내 우거지고 시인의 이마에는 부적처럼 한편씩의 시가 붙여진다.

아른대거나 떠다니던 아지랑이 같은 것들, 오욕칠정의 날개를 펴고 심폐기관을 산소처럼 들고나는 것들, 이들은 한 번의 심호흡으로 구만리장천을 횡단한다. 세상의 가뭄 위에 꿈꾸듯이, 반역하듯이 꽃피어난 강물 같은 시편들. 그것들을 창작하는 자, 생명정신을 언어로 주관하는 절대자 시인이다. 사물들의 가슴 가슴에 노래를 보내는 등대지기다.

시, 노역인가? 마스터베이션인가?

시, 노역인가? 마스터베이션인가? 나는 '둘 다'라고 본다. 시인에게 시 쓰기는 아무 때나 쏟아지는 만나가루가 아니다. 시인에게 시는 체질화한 생리현상 외에도 부단한 불면과 고뇌를 요구한다. 시의 탄생을 위해 시인은 노심초사와 위험부담을 어깨 가득 짐 지고 고층건물을 오른다. 시작품을 창작하면서 시인은 비로소 우뚝한 쾌감을 얻는다. 그런 의미에서 시인의 시창작은 낱낱으로 최대이고 낱낱으로 미완인 쾌감 위의 보물찾기란 점에서 왕왕 '심봤다'의 심마니처럼 온 산천 가득 소리소리를 질러 하늘 한 쪽을 밝히는 7색 무지개 같은 시를 산출한다. 이럴 때 시가 노역이면 어떻고 마스터베이션이면 어떤가.

그럼에도 나에게 시는 '시 씁네'의 세월만 기운 좋게 펄럭이는 깃발이었다. 깐냥에 시를 말 하는 자리가 자주 주어졌고 그럴 때마다 '이제야 시를 알 것 같다', '내 자신부터 수긍할 만한 시를 쓰겠다' 따위를 반복하여 말하곤 하였다. 시창작에 던진 이 같은 다짐들은 처음 시를 쓰던 때로부터 지구를 한 바퀴 돌아 나온 지금까지도 되풀이 틀어놓은 단골 레퍼토리다. 상 타는 자리의 소감이나 시집서문, 신작특집 따위에 붙이는 시작 메모는 으레 별생각 없이 주어 섬긴 말들이다. 아니, 이제부터는 진짜 시를 써서 마음 주신 분들께 보답 하겠다고 약속했으면서도 무책임한 공수표처럼 널브러져 있다. 도통한 사람에게 귀신이 보이듯 나의 시 쓰는 세월 또한 시가 보일만큼은 흘렀는데 시 쓰는 일만은 다짐이나 세월의 연치와는 무관한가보다.

지구촌에는 시인들이 하늘의 은하수만큼이나 반짝거리고 갱변의 돌 자갈만큼이나 널려있다. 시를 쓰고 시를 말하다 보면 시 쓰는 사람이 시를 읽는 사람보다 많다는 자조 섞인 조리돌림으로 시인과 시가 시달리는 세상이다. 그럼에도 시는 언제라도 숫자때기가 아니며 한사람의 독자를 겨냥한 작업이다.

시를 말하는 자리에서 맘에 드는 두 사람이 있다. 셸리와 김성탄이다. 셸리 Shelley(1792~1822)는 자신이 쓴 『시의 옹호』Defence of Poetry에서 시인을 '비공인 된 입법자'라 하였다. '입법자'란 법을 만드는 사람이다. 누가 시인더러 세상의 법을 만들라고 한 적은 없었건만 시인은 언어를 부려 사물을 일으키고 법을 만드는 일을 멈춤 없이 계속해 왔다. 시 쓰는 자리에서 사물을 일으키고 법을 만드는 입법자가 시인이라!

김성탄金聖嘆(?~1661)은 중국 청대의 평론가였다. 중국의 사대기서四大奇書-수호지 삼국지 서유기 금병매-에다 장별章別로 평설을 붙인 그를 중국문학사는 최대의 평론가로 칭예하고 있다. 김성탄은 시인을 '조물주의 미진한 능력을 보충해 주는 사람'으로 정의하였다. 어감으로만 보면 시인을 조물주의 윗자리에 앉힌 무엄함도 있으나 엄밀히 보면 당초 조물주의 창조능력이 시인의 표현에까지 나아갔어야 함에도 못 미친 부분을 시인이 땜질을 하거나 솜씨를 보탠 수공예가 쯤으로 이해하는 편이 타당할 것이다.

예컨대 시인 서정주가 〈국화 옆에서〉에서 노래한 국화의 '누님' 이미지는 조물주가 국화를 창조한 순간부터 "내 누님 같은" 모습이었어야 한다는 의미이다. 김수영의 〈풀〉에도 이 같은 설명이 가능하다. "…비를 몰아오는 동풍에 나부껴 풀은 눕고 드디어 울었다"했을 때 풀이 어찌 눕고 울고 하겠는가. 허나 시인의 표현처럼 일기불순의 시대에는 풀이 눕고 우는 형상에까지 이르렀어야 함을 의미한다. 위의 두 분-셸리, 김성탄-이 갈파한 정의에서 새삼 시인의 존재적 위의威儀를 살필 수 있다.

그러나 시인이나 시를 정의하는 일은 그 어떤 것도 안맹무상眼盲撫象일지 모른다. 그만큼 시를 설명하는 일에는 마땅한 정의 또한 드물었다는 얘기다. 이쯤 되면 "시의 정의의 역사는 오류의 역사"라던 T. S Eliot의 고민을 이해할 것 같다.

시와 산문을 설명하면서 이를 화학적 반응과 물리적 반응으로 말하는 이가 있다. 사물의 상태를 바꾸지 않는 물리적 원리를 산문으로 표현한 정의에 비해 물질 사이의 변화가 다른 물질로 바뀌는 화학현상을 시로 설명한 주장은 설득력이 크다. 또 다른 정의로는 산문을 '탕'이라하고 시는 '조림'이라는 이도 있었다.

탕과 조림은 고기, 생선, 채소 따위에다 양념을 하고 물을 부어 간을 맞추는 등 조리의 원리는 동일하다. 다만 전자가 물을 붓고 끓인다면 후자는 국물을 바짝 조린 요리이며 이를 산문과 시의 설명에 연결한 것이다. 상징시의 정점이던 시인 발레리는 '산보'와 '무용'을 산문과 시의 설명에 원용하였다. 산보는 휴식이나 건강을 목적 삼는 일이지만 무용은 무대에서 음악에 맞춰 감정과 의지를 표현하는 일이다. 발레리의 견해도 시와 산문을 개연성 높게 설명한 논의 중의 하나인 것은 물론이다.

시, '새로움'을 피돌기 하는 우주적 行旅

어느 땐가부터 문학창작을 '낯설게 하기'라며 문학을 강의하는 중요원리로 인용하고 있다. 시나 문학에 입문하는 자는 이 '낯설게 하기'라는 어의와 사교하면서 성장한다. 그러나

조금만 들여다보면 시 창작은 지금까지 존재한 것들을 의도적으로 낯설게 하는 게 아닌, 전혀 새로움을 찾아가는 구도자적 길트기라는 사실에 도달한다. 새롭지 않고 최초적이지 않고 어찌 사람의 가슴을 움직이는 시작품이 창작되겠는가. 그러기에 시성 두보杜甫(712~770)도 "사람됨의 성격이 치우쳐서 아름다운 구절 만에 탐닉하고 시(말)가 사람을 놀라게 하지 못하면 죽어서도 쉬지 않겠다"(위인성벽탐가구 어불경인사불휴爲人性僻耽佳句 語不驚人死不休)고 노래한 바 있다. 무릇 모든 예술의 지향점 내지 귀착지가 詩이고 보면 그 존재적 수월성에서 시가 어느 만큼의 정점인가를 생각게 한다. 요컨대 작가의 개성 위에 꽃피운 새로움이 예술인데 정점인 시는 말하여 무얼 하랴.

나는 시와 고전古典을 다음처럼 설명한다. '~을 다시 읽고 있어' 하면 고전이고 '~을 처음처럼 읽고 있어', '~을 새롭게 읽고 있어.'하면 시작품이라고. 좋은 시는 읽을 때마다 새로운 느낌이고 외우는 이가 많다. 그 외우는 일조차도 '항시 처음'처럼 대하는 우주적 피돌기로 삼라만상을 호흡하는 일이 된다. 그러기에 나는 "하늘아래 새로운 것은 없다"던 고전주의자들의 주장에 동의하지 못 하고 시란 구면舊面과 싸우면서 초면初面 찾아가는 일이라 강조한다.

이를 관련하여 시창작의 자리에 들어서야겠다. 사람세상에선 두 번만 만나도 구면이다. 구면은 낯익은 사물끼리 어울리고 숲 짓는 일이다. 그러나 시 창작은 낯익은 얼굴들이 모여서 숲 짓는 일이 아니며 햇빛 아래 만남이기보다는 달빛 아래 만남이며 지금까지의 의미가 아닌 또 다른 의미에 나아가야 한다. "언어적인 최초"를 위해 주변의 여러 언어들을 넘어서서 지상적 새로움인 '초면의 언어'를 찾아가는 일이며 그래서 시를 일러 '초면의 예술'이라고 말할 수 있다.

문학에서 말하는 시의 모습은 본래는 서정시였다. 서정시는 당초 시간이 개입되지 않은 시인의 찰나적인 정감을 언어로 표출한 형식이었다. 그러던 것이 시간이 흐르면서 서사시와 만나게 되고 자연스럽게 이야기가 담기게 된다. 이제는 이야기가 많아진 시대여서 서정시에도 이야기가 넘실거리지만 서정시가 이처럼 이야기의 그릇에 담긴 것은 훨씬 후대의 일이다. 서정시에 시간이 담긴다는 것은 서정시가 이야기시라는 말과 등가이다.

언어를 주라 그러면 시인은 창조주다

시인은 애초부터 행복한 관찰자다. 시를 통한 관찰자의 모습에는 언어가 필수적이다. 그런 의미에서 언어는 시인의 작품창작에서 절대적인 수단이 된다. 요컨대 "나에게 지렛대와 받침대를 다오 그러면 지구도 들어 올리겠다"던 아르키메데스처럼 언어만 제공하면 시인은 능소능대 무소불위, 못 그릴 것이 없고 못 만들 것이 없는 전능한 존재가 된다. 시인을 제2의 조물주라 한 소이연도 이에서 비롯된 말이고 언어에 관한 한 시인은 그 누구도 따를 수 없는 권력자가 되는 것이다. 견자見者의 입장에서 시인은 세상을 향해 누구보다 먼저 눈길을 보내고 노래로 옮기는 자이다. 사람들이 잠든 시간에 홀로 깨어서 자신만의 산마루에 오르고 세상을 조망하고 노래하는 자이니 시인은 천성적으로 고독할 수밖에 없다.

시인은 순간순간 마주친 삶의 편린에다 시의 두레박질을 내리고 삶에서 빚어진 갖가지 감동을 길어 올린다. 두레박을 뒤집어 시의 샘물을 따르면 쌀붕어처럼 파닥거리는 서정의 광채들을 만날 수 있다…. 그 서정들을 손바닥에 올리면 어느새 날개가 돋아 노을 저 멀리로 비상하는 것을 볼 수 있다. 그 같은 시의 서정성에는 반짝이는 생의 여러 훈육訓育들을 읽을 수 있다.

시인은 본디 사물과 언어에 헌신하는 사람이다. 시인이 언어에 헌신하면 부처의 사리舍利처럼 시인의 몸은 시를 쏟는다. 그러나 부처의 사리는 입적入寂 이후의 현상이지만 시인의 시는 시인 살아생전의 광채라는 점에서 다르다.

새롭다는 점에서 시는 궁핍에서, 반역에서, 형극에서 퍼 올린 생명의 샘물 긷기이다. 궁핍이나 뒤집은 땅이 아니면 시는 새롭지도 향기롭지도 않다. 배부른 자의 트림에서 어찌 시의 향기가 퍼지리오. 힘 가졌을 때 권력이나 재화는 장엄하고 으리번쩍하고 무소불위이다. 그러나 이들이 힘 빠지면 죽음 같은 폐허만 남는다. 이들 폐허 위에 새 생명을 키우고 새살이 차오르는 것은 다름 아닌 한 편의 시다.

다수자의 길목에 불빛 보내는 등대지기

다짐과 고백을 겸하여 '그리움'과 '상처'를 언급하는 것으로 이 글을 마치려 한다. 대동강 물을 길어다 판 봉이 김선달도 있지만 시인도 어느 의미로는 그리움 팔아먹는 장사꾼이다. 시인은 나이에 관계없이 그리움만 넘쳐나면 세상을 넘나드는 갖가지 감동들을 언어로 노래 부를 수 있다. 시인에게 그리움이 고갈되면 꼼짝없는 백수건달이다. 그리움이 풍성한 자는 하늘로부터 시인의 재능을 부여받은 자이다. 지식이 많고 인격이 고매해도 시인이 될 수 없는 것은 모두가 빈약한 그리움 때문이다. 시인이 되려는 자, 먼저 차고 넘치는 그리움의 주인이 돼라.

사람 사는 세상에는 여러 개의 상처가 있다. 상처란 "다쳐서 부상을 입은 자리"나 "피해를 입은 흔적"을 말한다. 시인은 상처에의 기억이 특별한 자이다. 상처의 특별함이란 물리적인 기억일 수도 있고 소유한 자만의 유별난 기억일 수도 있다. 어느 쪽이든 상처는 시인에게 좋은 시를 생산하는 거의 절대적인 요건이다. 상처는 치유 되면 기억의 영역만 남을 뿐 그 자체로는 영원히 시가 될 수 없다. 그 상처 너머에 어우러진 여러 사물들을 의미의 세계로 재구하면서 시는 새로운 생명으로 태어난다. 그런 의미에서 상처의 미세한 부분까지를 들여다보고 의미의 세계를 해석하고 복원하는 자가 시인이며 그만의 특권이 시 쓰기이다. 이리 보면 시인에게 시 창작은 특별한 능력이자 권력인 셈이다.

시인은 유년에의 기억 또한 특별한 자이다. 때로 시인은 어느 시기부턴 생장점이 아예 멈춰버린 기형적인 존재이기도 하다. 이나저나 시인은 기억의 더듬이가 특별한 자이다. 시인이 보통 사람과 유다른 것은 이 같은 더듬이 내지는 감각의 특별함에 연유한다. 그리고 그 같은 일이 빈발하다 보면 시인은 보통 사람이 이해할 수 없는 존재로 비치기도 한다. 시인을 두고 시대의 소수자(Minority)로 말한 이는 프랑스의 철학자 들뢰즈(Gilles Deleuze,1925~1995)였다. 그에 기대면 어느 시대건 시인으로 산다는 것은 소수자가 된다는 것을 의미하고 중심에 위치하더라도 늘상 변두리이거나 제3자라 하였다. 그런 의미에서 시인은 다수자의 길목에 불빛을 투사하는 외딴 해역의 등대지기일지 모른다. 멀리 보고 깊게 느끼고 앞서 간 자에게 불빛을 보내야 하니 시인은 운명적으로 신 새벽에 길 떠나는 소수자일 수밖에 없다. 발견이든 발명이든 시인에겐 지극히 외로운 운명의 길이다.

광기(Madness)나 천재성(Genius)은 호기심의 칼날을 언어로 환치하는 것, 그 칼날이 대지 같은 광활함이나 숲처럼 우거지는 일은 시의 세계에서나 가능한 불가사의이다. 그런 의미에서 광기와 천재성은 서로서로 반면半面이면서 의미적 전체성에 나아간 대화엄의 광합성은 아닐까.

소나무의 사방감각. 66*31.5. 혼합재료